# BEI GRIN MACHT SICH IHR WISSEN BEZAHLT

- Wir veröffentlichen Ihre Hausarbeit, Bachelor- und Masterarbeit

- Ihr eigenes eBook und Buch - weltweit in allen wichtigen Shops

- Verdienen Sie an jedem Verkauf

Jetzt bei www.GRIN.com hochladen und kostenlos publizieren

**Bibliografische Information der Deutschen Nationalbibliothek:**

Die Deutsche Bibliothek verzeichnet diese Publikation in der Deutschen National-
bibliografie; detaillierte bibliografische Daten sind im Internet über http://dnb.d-
nb.de/ abrufbar.



**Impressum:**

Copyright © 2007 GRIN Verlag, Open Publishing GmbH
Druck und Bindung: Books on Demand GmbH, Norderstedt Germany
ISBN: 9783640451869

**Dieses Buch bei GRIN:**

http://www.grin.com/de/e-book/137091/leistungsgesellschaft-und-doping

Mario Stenz

# Leistungsgesellschaft und Doping

## "High Society" - über Leistungsprinzip und Alltagsdoping

GRIN Verlag

Institut für Sportwissenschaft
Universität Koblenz Landau
Campus Koblenz
Seminar: Sportsoziologie

**Ausarbeitung**

**WS 2006/07**

**Thema:**

**„High Society"**
**-**
**vom Leistungsprinzip und Alltagsdoping**

**von Mario Stenz**

# Gliederung:

# 1. Einleitung

„In früheren Zeiten hatte er oft gegrübelt, wie es sein müsste: ohne Soma und nur auf die innere Stärke angewiesen, irgendeiner schweren Prüfung, einem Schmerz, einer Verfolgung ausgesetzt."

Aldous Huxley, Schöne neue Welt

Der Begriff der „Leistung" ist in fast allen Diskursen präsent. Ob nun in der Politik, in der Wirtschaft, in Kunst, im Erziehungssystem oder expressis verbis im Leistungssport, in all diesen Kulturbereichen wird mehr oder weniger explizit von Leistungssteigerung, von Effizienz und Leistungswilligkeit gesprochen. Ganz so, als sei Leistung bzw. die Effizienz das neue übergreifende symbolisch generierte Kommunikationsmedium, das neue Insignium der einzelnen Teilsysteme, welches die intersystemische Verständigung auf den kleinsten gemeinsamen und kommunizierbaren Nenner zu bringen vermag (vgl. Lyotard 1979, S. 15). Zudem ergaben Umfragen, dass 70 % der befragten Deutschen die Gesellschaft, trotz anderer Etikettierungsangebote, als eine Leistungsgesellschaft charakterisierten und mit dem Begriff der Leistung „Arbeit leisten"[1] verbanden. Diese mehrheitliche Zustimmung verleitet dazu sich „die Leistungsgesellschaft" und ihren charakteristischen Aufbau einmal etwas näher anzuschauen. Dabei wird der Blick zudem darauf gerichtet sein, ob nicht auch im Alltag der Leistungsgesellschaft das ein oder andere Mittelchen Verwendung findet, welches die Leistung zu steigern vermag. Kurzum, es wird der Frage nachgegangen, ob Doping nur ein unerwünschtes Phänomen und „Konstellationsprodukt" (Bette/ Schimanke 2000, S. 91ff.) des kulturellen Teilbereiches „Sport" ist, oder ob nicht im Kontext der Leistungsgesellschaft, Doping ein weiter verbreitetes, aber im öffentlichen Diskurs auf Grund von Selbstverständlichkeitsannahmen weniger kontrovers diskutierte Thematik darstellt, als es bei einigen entlarvten „Dopingsündern" im Bereich des Sports der Fall ist, die ihrerseits vielleicht mehr die „Opfer" und „Getriebenen" einer gesamtgesellschaftlichen Tendenz, als Überzeugungstäter und die erste Ursache ihres Handels sind.

---

[1] Vgl. dazu : www.wirtschaftundschule.de/Lexikon/L/Leistungsgesellschaft

## 2. Die Leistungsgesellschaft

Es ist methodologisch betrachtet eine Frage der Perspektive, zu welchem Ergebnis man bei der Charakterisierung der Gesellschaft gelangt, d.h. ob man „die Gesellschaft" nun als Multioptions-, Erlebnis-, Risiko-, Konsum-, Wegwerf-, Kommunikations- und/oder Leistungsgesellschaft bezeichnet, ist abhängig vom Blickwinkel und der Fragestellung mit der „die soziale Wirklichkeit" befragt wird. Im Folgenden wird, wie bereits oben erwähnt, der Blick auf den Aspekt der „Leistung" gerichtet sein und gezeigt werden, warum Leistung einen existentiellen Stellenwert für das Individuum in der heutigen Gesellschaft erlangt hat.[2]

### 2.1 Mögliche Gründe für die Bedeutung von Leistung

Mögliche Gründe für die zunehmende Bedeutung von Leistung sind, wie bereits der Plural darlegt, nicht monokausal zu herzuleiten. Vielmehr bedingen historische, politische, soziale und kulturelle Veränderungen eine Zentrierung auf die Leistungsproblematik für die Individuen.

### 2.2 Entgrenzung der Schichten

Ein sozio-historischer Grund für die gesteigerte Bedeutung von Leistung ist mit dem Jahr 1789 verbunden. Damals erfolgte im Zuge der Französischen Revolution ein folgenreicher Anstoß, der in den kommenden Jahrzehnten einen sozialpolitischen Paradigmenwechsel von einer stratifizierten Ständegesellschaft hin zu einer „offenen Gesellschaft" bewirkte. Bis zu diesem Datum, durch Jahrhunderte hindurch, war die soziale Ordnung eine von Gott gegebene, die sich durch drei hierarchisch gegliederte Stände (Klerus, Adel und Bürger) auszeichnete. Zwischen den Ständen gab es keine Durchlässigkeit, d.h. bei der Geburt, besser gesagt, bereits vor der Geburt war das Schicksal des Individuums als Angehöriger dieses Standes gesiegelt. Ein Austritt im Sinne von Auf- oder Abstieg aus diesem war durch Heirat oder eigene Initiative nahezu unmöglich.

Erst mit dem historischen Datum 1789 erfolgte ein Revolution dahingehend, dass nun jedem, unabhängig von der sozialen Herkunft, der Aufstieg (bzw. Abstieg) als Möglichkeit eingeräumt wurde, genauer gesagt, formal eingeräumt werden sollte, durch persönliche Leistung die Positionierung innerhalb der Gesellschaft selbst in die Hand zu nehmen. Es kam

---

[2] Obgleich es m. E. nicht abwegig und auch nicht schwer ist, die anderen Gesellschaftsdiagnosen auf das Leistungsprinzip zurückzuführen, d.h. die Leistungsgesellschaft bildet in vielen Diagnosen den Subtext, auf dem die anderen erst möglich werden: Konsumgüter werden durch Leistung produziert, ebenso wie die ökologischen Gefahren und sozialen Risiken der Risikogesellschaft. Erlebnisse, sei es im Tourismus oder im Freizeitbereich, sind ebenfalls warenförmig gemachte Dienstleistungsangebote, die wie der Name bereits andeutet auf Leistung beruhen und die Multioptionsgesellschaft, wodurch wurden wohl ihre vielen Möglichkeiten generiert? – durch Anstrengung und Mühe, kurzum, durch Leistung, der in der Gesellschaft lebende Personen.

also im Zuge der französischen Revolution zu einer vermehrten Entgrenzung der Stände bzw. Schichten und zu einer „meritokratischen, auf Leistung gestellten, Herkunft und vererbten Besitz zunehmend entwertenden offenen Wettbewerbsgesellschaft (…)." (Plessner 2003, S. 274f.), die eine Höherbewertung der individuellen Leistungswilligkeit und -fähigkeit zur Folge hatte. Diese Umwertung der Werte wurde bis in unsere Tage beibehalten, so dass man auch heute noch von einer selbstverantwortlichen, sozialen Stellungnahme des Individuums durch Leistung sprechen kann. Die Losung des amerikanischen Traums „Vom Tellerwäscher zum Millionär" steht stellvertretend für diese Entwicklung, nach dieser der Einzelne keine sozialen Grenzen entgegenstehen (sollten), um durch eigene Leistung den Auf- bzw. Abstieg zu bewerkstelligen. Die Herkunft wird marginal(isiert) – allein die Zukunft zählt.

## 2.3 Individualisierung

Unter dem Begriff der „Individualisierung" hat der Soziologe Ulrich Beck zeitdiagnostisch ein soziales Phänomen der letzten Jahre zu erklären versucht, welches sich zunehmend in westlichen Industriestaaten zeigte. Die Individualisierung weist laut Beck drei Aspekte auf, in deren Zusammenhang Leistung ebenfalls von nicht geringer Bedeutung ist.

### 2.3.1 „Freisetzungsdimension"

Die Freisetzungsdimension bezeichnet eine zunehmende Herauslösung des Individuums aus traditionelle Klassenbindung und Versorgungszusammenhänge der Familie. Der Einzelne wird laut Beck zu eine „Reproduktionseinheit des Sozialen" (Beck 1986, S. 209) und ist mehr oder weniger ein „Selbstversorger", dem die Möglichkeit einer Identifizierung mit einer Klasse erschwert und die Unterstützungsfunktion der Familie brüchig wird. Diese Freisetzung bringt also eine neue Unabhängigkeit und Loslösung aus tradierten Großgruppen, aber im Gegenzug ist der Einzelne als „Selbstversorger" auf den Arbeitsmarkt angewiesen, um sich die Subsistenz der eigenen Existenz zu sichern (vgl. Beck 1986, S. 206; dazu auch Schroer 2000, S. 396 ff.).

### 2.3.2 „Entzauberungsdimension"

Die Entzauberungsdimension umschreibt den Verlust traditioneller Sicherheiten im Hinblick auf Handlungswissen, Glauben und leitende Normen. D.h. durch eine zunehmende Ahistorisierung, Deinstitutionalisierung der Lebensläufe und den „Glaubwürdigkeitsverlust der Großen Erzählungen" (vgl.: Lyotard 1986, S. 46) die den sinnstiftenden Referenzrahmen für Denken und Handeln und die Weitergabe der als allgemeingültig erachteten Normen abgaben, erfolgt eine Desorientierung des Individuums in bezug auf seine Lebens- und Persönlichkeitsgestaltung. Der/die Einzelne wird angehalten sein Leben aktiv zu planen und sich reflektiert mit sich und seiner Umgebung auseinander zu setzen, da es keine allgemeingültigen Normen und Werte mehr gibt, die eine absolut sichere und selbstverständliche Geltung beanspruchen können. Kurz gesagt: die Menschen werden zu einem reflexiven Lebenswandel aufgefordert. (vgl.: Beck 1986, S. 206; dazu auch Schroer 2000, S. 396 ff.).

### 2.3.3 „Reintegrationsdimension"

Die Reintegrationsdimension ist die Folge der in zweifacher Hinsicht freigesetzten Individuen, dahingehend, dass sie wieder abhängig werden, und zwar abhängig vom Bildungs-, Beschäftigungs- und dem sozialen Sicherungssystemen. Die Individuen werden durch die soziale und existentielle Herauslösung, laut Beck, also wieder an drei Teilsystemen strukturell rückgebunden, so dass die Lebenschancen der Reintegrierten im engen Zusammenhang mit der Funktionstüchtigkeit dieser Bereich und der Industriösität des Einzelnen stehen (vgl. Beck 1986, S. 206; dazu auch Schroer 2000, S. 396ff.).

### 2.4 Neoliberalisierungstendenzen

Der dritte triftige Grund für die vermehrte Bedeutung von Leistung ist in einem politischen Paradigmenwechsel zu sehen, den man auch als eine „Amerikanisierung Europas" verstehen kann, was besagen soll, das immer mehr neoliberales Gedankengut mehr oder weniger offenkundig Einzug in die Staatsführung und damit die versteckt ideologische Lenkung der Individuen hält. (vgl. Lemke/Krasmann/Bröckling 2000, S. 7 ff.)

### 2.4.1 „Der schlanke Staat"

Die Metaphorik des schlanken Staates, um in der bildhaften Sprache zu bleiben, verweist auf einen Staat, der an Gewicht verliert oder sachlicher ausgedrückt: der Staat minimiert die Eingriffe bezüglich der Marktwirtschaft und der sozialen Sicherungssysteme. Er stellt zwar die gesetzlichen Rahmenbedingungen, überlässt aber ansonsten die Ordnung des Sozialen dem freien Kräftespiel des Marktes und denen in ihm agierenden Konzernen *und* selbstverantwortlichen Individuen. Stichworte, die den schlanken Staat charakterisieren, sind etwa Privatisierung, Deregulierung und Desolidarisierung (vgl. Fach 2000, S. 110ff.).

## 2.4.2 „Selbstmanagmentalität"[3]

Im Zuge der Entsicherung des Sozialsysteme steht das Individuum eigenverantwortlich im Zentrum des Marktes d.h. es wird „vermarktet" und es muss sich, um erfolgreich zu sein, gut vermarkten. Diese Sachlage bedingt ein Selbstverhältnis, in dem sich das Individuum als Unternehmer seiner Selbst versteht und seine Humanressourcen mobilisieren muss, damit es, um im allgemeinen Wettbewerb mithalten zu können, sein Humankapital effizient ausnutzen kann. Der neue Sprachgebrauch wie z.B. die „Ich- AG", „Selbstmanagement", „Trademarke Ich", „Arbeitskraftunternehmer" deuteten auf diese neue Subjektivierungsform des Individuums hin (vgl. dazu: Bröckling 2000, S. 157).

## 2.5 Leistung: eine „Existenztialie"!?

Die im vorhergehenden kurz erläuterten Sachverhalte der sozio - politischen und kulturell historischen Veränderung wie Offenheit der Positionierung, Individualisierung und Selbstmanagementmentalität als Rahmenbedingungen, sind es, die Leistung im Sinne einer erbrachten Arbeit in fast allen Bereich der Gesellschaft wichtig werden lassen, besser gesagt lebenswichtig werden lassen, wenn man die Abhängigkeit der Individuen von monetären Subsistenz bedenkt, die unlöslich mit der Marktkonformität des Einzelnen verbunden ist. Das Erbringen von Leistung wird für jede Person von lebensnotwendiger Bedeutung, um nicht zu sagen, das Leistungsprinzip wird vermehrt zur nachträglichen Existenzbedingung, weil der Einzelne ohne sozialen Rückhalt auf sich zurück geworfen wird und eigenverantwortlich für sein soziales, leibliches und psychisches Leben Sorge zu tragen hat.

Die Omnipräsenz des Leistungsprinzips, das nicht nur im Sport vorherrscht, sondern auch bereits in die Lebenswelt der Individuen „gesickert" ist und den gesamten Habitus beherrscht, in dem es sich als Diktat in die Körper einschreibt, sei noch einmal im folgenden Zitat verdeutlicht:

„Wie alltäglich erlebbar, korrespondieren den neuen Freiheits- und Gestaltungsspielräumen (...) auch neue Zwänge. Dazu zählen die heute allseits vertrauten Forderungen nach Flexibilität, Beschleunigung, individueller Maximierung in jeder Hinsicht, nach ständiger Fitness und Reaktions- und Anpassungsbereitschaft (...). Von der Figur, dem Outfit, der Informiertheit über kulturelle Ereignisse bis hin zu Körperausdruck und Habitualisierung von Gestik und Mimik – alles gewinnt Bedeutung, nicht nur für die soziale Anerkennung im Freizeitbereich, sondern allgemein für die Marktgängigkeit der eigenen Person. (...)Eine

---

[3] Der Begriff „Selbstmanagmentalität" ist in Anlehnung an Foucaults Begriff der „Gouvernementalität" ein Kompositum aus dem Begriff „Selbstmanagment" und „Mentalität", der die implementierte Denkungsart hervorheben soll, nach der der Einzelne dazu bewegt wird sein eignes Leben selbst zu verwalten, zu „managen" (vgl. dazu: Lemke/ Krasmann/ Bröckling 2000, S. 7 ff.).

Semantik der Leistung bestimmt die Sexualität, den Sport und die Erlebnissuche ebenso, wie die Arbeit und das ständige Bemühen um die Akkumulation der verschiedenen Kapitalsorten."[4]

## 3. Zwei Arten der Leistungsmodifikation

Da nun, wie erläutert, durch die soziokulturellen Bedingungen Leistung von existentieller Bedeutung für eine Vielzahl von Menschen geworden ist, um sich beispielsweise das alltägliche Leben zu sichern, um für den Arbeitsmarkt attraktiv zu bleiben, den Arbeitsplatz zu behalten oder den sozialen Aufstieg zu schaffen, wundert es nicht wenig, wenn auch außerhalb des Profisports das Handeln der Menschen darauf abzielt eine Leistungsveränderung durch die Einnahme von Mitteln herbeizuführen. Diese Leistungsmodifikation kann idealtypisch auf zweierlei Weisen und konkret mit vielerlei Mitteln geschehen.

### 3.1 Bewahrung der Leistungsfähigkeit

Unter Bewahrung der Leistungsfähigkeit d.h. der Kompensation kann Doping im Sinne eines Defizitausgleichs verstanden werden. Darunter lassen sich alle Methoden und Mittel subsumieren, die dazu dienen ein, durch welche Gründe auch immer, gemindertes Leistungsniveau wieder herzustellen, um es auf „Normalniveau" zu heben.

### 3.1.1 Beispiele für Leistungskompensation

Beispiele aus der alltägliche Lebenswelt für das Leistungskompensationsphänomen lassen sich zu genüge anführen. So sind etwa Schmerzmittel als probate Lösung zu nennen, um das Leistungsniveau aufrecht zu halten, d.h. das Schmerzsymptom zu beheben, um die gewünschte Leistungsfähigkeit aufrecht zu halten. Einige Daten und Fakten der DHS (alle Daten beziehen sich auf die BRD, 2004) sollen diese These bekräftigen und zeigen das Schmerzmittel eine weit verbreitete Maßnahme ist, um Defizite auszugleichen. So wurden etwa 149 Millionen Arzneimittelverpackungen verkauft (etwa 39% im Rahmen der Selbstmedikation). 4-5% aller verordneten Arzneimittel besitzen ein eigenes Missbrauchs- und Abhängigkeitspotenzial (vor allem Schlaf- und Beruhigungsmittel). 1,3-1,4 Mio. Menschen sind arzneimittelabhängig und 1100 Tabletten, Kapseln, Zäpfchen oder Dosierungen anderer Zubereitungen entfallen durchschnittlich pro Kopf.

Auch Anti-Depressiva-, Anti-Stress- und Anti-Aging Produkte können im Sinne der Kompensationsthese als Mittel interpretiert werden, um ein Leistungsniveau zu erhalten. So

---

[4] www.momo-berlin.de/Eberlin_Eigensinn.html.

kann zum Beispiel die Dame mittleren Alters, die aufgrund des Todes ihrer Mannes an einer reaktiven Depression erkrankt ist, dank Anti-Depressiva auf einem alltagstauglichen und arbeitsfähigen Befindlichkeitsniveau gehalten werden, ohne welche sie vermutlich Leistungseinbußen, was Konzentration, Motivation und Lebensqualität angeht, aufweisen würde. Oder ein Vorstandsmitglied in einer großen Firma, der ein Anti- Stress Medikament zu sich nimmt, um den Anforderungen in seinem Beruf standzuhalten, ohne das er überfordert wäre, ist ein weiteres Beispiel für die Kompensationsthese. Kurzum: im Alltag finden sich eine Vielzahl von Dopingphänomene, die zwar zumeist legal sind, aber wie im Leistungssport ebenfalls auf eine manipulative Art und Weise in die Leistungsfähigkeit der Menschen eingreifen(vgl. dazu Neon 12/06, S. 119f.).

### 3.2 Steigerung der Leistungsfähigkeit

Eine weitere Methode der Leistungsmodifikation im Alltag ist die Leistungsprogression. Dabei handelt es sich um die Einnahme von Mitteln zur Erhöhung der bestehenden Leistungsfähigkeit, mit dem Ziel ein verbessertes Leistungsniveau als das des Ausgangsstandes zu erreichen.

### 3.2.1 Beispiele für Leistungsprogression

Stimulantien und Neuro-Enhancement Produkte sind in diesem Bereich die vorherrschenden Mittel. Ob nun Kaffee, Kokain und/ oder Amphetamine, all diese Mittel zielen auf eine Steigerung der Leistungsfähigkeit ab und werden zu den verschiedensten Gelegenheiten konsumiert. Selbst das „Minddoping" ist im Zuge des Neuro-Enhancement Marktes eine gängige Art, die psychische Leistungsfähigkeit zu steigern. Darunter versteht man die gezielte Verbesserung geistiger Fähigkeiten oder psychischer Befindlichkeiten bei Gesunden durch die Einnahme von psychopharmakologischen Medikamenten, die eigentlich bei ADHS, Schlafstörungen und Alters-Demenz verabreicht werden (vgl. dazu: Neon 12/06, S. 119f.).

## 4. Weitere Beispiele für Leistungssteigerung

Eine Modifikation der Leistungssteigerung durch den gezielten Konsum von Medikamenten oder Rauschmitteln ist auch in vielen anderen Bereichen zu bemerken. So etwa im Militär, denn „während des zweiten Weltkrieges wurden Amphetamine in großen Mengen hergestellt und vor allem wegen ihrer stimulierenden und schlafverhindernden Wirkungen vorwiegend von Soldaten konsumiert" (Infobroschüre „Amphetamine", DHS, vgl. dazu: Schmidbauer/von Scheidt 1971, S. 151).

Oder in der Kunst: ob nun Maler wie Pablo Picasso, Salvatore Dali, Schriftsteller wie E. A. Poe, Aldous Huxley, Arthur Rimbaud oder Musiker wie Jimi Hendrix, Jim Morisson und George Michael (die Liste ist um viele weitere Namen zu erweitern) - alle zogen keine geringe Inspiration aus Rauschmitteln, die wohl zum Großteil für ihre außergewöhnlichen künstlerischen Leistungen mit verantwortlich sind (ebd., S. 125).[5]

Selbst im Breiten- und Freizeitsport ist der Konsum von anabolischen Steroiden und andern Aufbaupräparaten zur Leistungssteigerung keine Seltenheit mehr.[6]

Auch im privaten Intimitätsbereich bildet die Einnahme von Produkten wie z.B. Viagra keine Ausnahme, wobei das Ziel nicht heißt einen Potenzmangel zu beheben, sondern die gesunde, sexuelle Leistungsfähigkeit weiter zu erhöhen.[7]

Kurzum: in welchen Lebensbereichen auch immer: wo Menschen sind, von den die Erbringung von Leistung jeglicher Art erwartet wird, ist Verwendung von leistungsmodifizierenden Mitteln nicht fern.

## 5. Fazit: eine Beurteilungsproblematik

Im Vorangegangenen wurde dargelegt, dass Doping im Alltag kein Randphänomen darstellt, sondern in vielen Bereichen des gesellschaftlichen Lebens eine bedeutende Rolle spielt. Der Kontext der dieses Phänomen mitbedingt ist unter dem Begriff der Leistungsgesellschaft subsumiert und dieser, in seinen wichtigsten konstitutiven Komponenten, analysiert worden. Zusammengefasst bedeutet dies: Von in einer Leistungsgesellschaft lebenden Individuen werden mehr oder weniger existentiell die Erbringung von Leistung in allen gesellschaftlichen Bereichen gefordert. Um dieser Forderung gerecht zu werden, sind verschiedenste Mittel zur Leistungssteigerung gebräuchlich, besser gesagt, fast (lebens)notwendig.

Aber „die gesellschaftliche Beurteilung von Leistungsmanipulation ist dabei ambivalent: während Doping im Alltag akzeptiert und nahezu gutgeheißen wird, ist die öffentliche Meinung beim Doping eher ablehnend" (Thönneßen 1999, S. 162). D.h. der bewertende Umgang mit dem Phänomen Alltagsdoping und dem Doping im Hochleistungssport ist disparat: obwohl in beiden Bereichen, dem Bereich des Hochleistungssports als auch den alltäglichen gesellschaftlichen Bereichen aufgrund des Leistungsprinzips, Leistung gefordert wird, so scheint die Verwendung von Mitteln im alltäglichen Bereich toleriert zu werden, wohingegen Sportler/innen die sich des Dopings verdächtig machen, stigmatisiert oder im Falle der Überführung sogar hart bestraft werden.

---

[5] Vgl.: dazu auch : www.drogen-wissen.de/Drugs/DW_Ge/kunst bzw. literatur
[6] Vgl. : www.arztezeitung.de/dccs/2005/08/05
[7] Vgl.: Chemie.im.alltag.de/articles/0092/index.hmtl

Kurz um: Es herrscht eine Doppelmoral in der Öffentlichkeit, die zweierlei Maß der Bewertung an den Tag legt, indem sie das Alltagsdoping gutheißt, aber den Leistungssport als eine „saubere" Parzelle im ansonsten medikamentisierten und aufgeputschten gesellschaftlichen Umfeld wissen will.[8] Dabei „drückt sich in diesem Gebrauch von Drogen (im Leistungssport; A.d.V.) auch ein Wille zur Leistung  aus, den zumindest derjenige schwerlich verurteilen kann, der den Leistungswillen ansonsten in der Gesellschaft bejaht. Gerade der *moralische Zeigefinger* ist hier in einer schwierigen Lage, gilt doch z.B. in eine erfolgsorientierten Wirtschaft die Erhaltung der Leistungsfähigkeit auch unter Einsatz von Drogen durchaus nicht als verwerflich" (Zittlau 1986, S. 14).

Hieße nun, um in diese Debatte ein ausgewogeneres, gerechteres und ehrlicheres Verhältnis zu bringen, dass Doping legalisiert werden müsste? Oder sollten die leistungsmodifizierenden Medikamente im Alltag verboten werden? Oder aber ist mit dem Doping zu verfahren wie bisher: den nahezu ausweglosen Versuch beizubehalten, den mit Ehre, Ansehen und viel Kapitalgewinn lockenden Leistungssport ein dopingfreies Inseldasein innerhalb einer Leistungsgesellschaft zu verschaffen, während die rekordbegierigen, aufgeputschten Zuschauer am Bildschirm oder unmittelbar in den Arenen ihren Athleten zurufen, sie sollen gefälligst „saubere Höchstleistungen" erbringen?

Diese Frage weiß auch der der Verfasser nicht zu lösen - was auch nicht sein Anliegen war, sondern die Dopingthematik im „Banalen" zu problematisieren und aufzuzeigen, dass die beabsichtigte Modifikation der Leistungsfähigkeit im Alltag eher die Regel darstellt, sowie um das verpönte Doping im Leistungssport zu relativieren und der Antidopingmentalität ein wenig die dogmatische Schärfe zu nehmen - diese Sachverhalte darzulegen, daran war es mir gelegen.

---

[8] Es wäre zu fragen, ob in dieser Bewertung nicht, psychoanalytisch gesprochen, eine Projektion zum Tragen kommt: Die eigene alltägliche Leistungsmanipulation wird als unangenehm empfunden, aber als solche nicht bewusst verwerflich anerkannt und dann auf den Leistungssport, der  frei von Leistungsmodifikation bleiben soll, übertragen, um sich so ein reines Gewissen zu verschaffen?

# 6. Quellenangaben

**Literaturangaben:**


- Beck, Ulrich: Risikogesellschaft – Auf dem Weg in eine andere Moderne. Suhrkamp 1986

- Bette, Karl-Heinrich/Schimank, Uwe: Doping als Konstellationsprodukt- Eine soziologische Analyse. in: Doping: Spitzensport als gesellschaftliches Problem. Gamper, M.; Mühlethaler, J.; (Hrsg.). NZZ Verlag 2000

- Bröckling, U.; Krasmann, S.; Lemke, T.; Gouvernementalität der Gegenwart – Studien zur Ökonomisierung des Sozialen; Suhrkamp 2000

- Lyotard, Jean-Francois: Postmoderne für Kinder. Edition Passagen Verlag 1987

- Lyotard, Jean-Francois: Das Postmoderne Wissen - Ein Bericht. Edition Passagen Verlag 1979

- Plessner, Helmut: Macht und menschliche Natur. Gesammelte Schriften V. Suhrkamp Verlag 2003

- Schmidbauer; Wolfgang/ vom Scheidt, Jürgen: Handbuch der Rauschdrogen. Nymphenburger Verlag 1971

- Schroer, Markus: Das Individuum der Gesellschaft. Suhrkamp Verlag 2001

- Thönneßen, Angelika: Doping in der Schule? Verlag Dr. Kovac, 1999

- Zittlau, Dieter: Der Hang zur Droge. Zenon, 1986


**Zeitschriften:**


- DHS – Deutsche Hauptstelle für Suchtfragen e.V. Jahrbuch Sucht ´06 Neuland Verlag, 2006

- DHS – Deutsche Hauptstelle für Suchtfragen e.V. Infomaterial

- Neon; Ausgabe 12/06 ; „Immer gut drauf "


**Internetquellen:**


- www.momo-berlin.de/Eberlin_Eigensinn.html. ; 16.01.2007
- www. Chemie.im.alltag.de/articles/0092/index.hmtl ; 21.01.2007
- www.drogen-wissen.de/Drugs/DW_Ge/kunst bzw. literatur ; 25.03.2007
- www.arztezeitung.de/dccs/2005/08/05; 14.04.2007
- www.wirtschaftundschule.de/Lexikon/L/Leistungsgesellschaft; 29.06.2007